U1071241

读有所得

中共湖南省委宣传部 指导
《读有所得》编辑部 编

107

湖南文艺出版社

目录

特别推荐

法者，治之端也（张真理）/ 一

不钓大小，只求其趣（桑林峰）/ 五

古典

顺应自然（刘安）/ 八

千秋评说

今人一得：生之道（冀晋澄）

多读一点：《淮南子》与二十四节气的创立

美文推荐

初入武夷（李商隐）/ 一七

左慈掷杯戏曹操（罗贯中）/ 一八

今文

杂感（鲁迅）/ 二一

千秋评说

今人一得：最硬的骨头（以群）

多读一点：鲁迅先生的画事

灯台守（冰心）/ 三〇

千秋评说

今人一得：灯祭（迟子建）

教育之高尚理想（蔡元培）/ 三七
千秋评说
今人一得：教育的诗意（刘庆昌）
多读一点：蔡元培的书法

美文推荐
赏菊狮子林（周瘦鹃）/ 四六
星星变奏曲（江河）/ 四八

译苑

“他的名字是彼得”（威廉·福克纳）/ 五一
千秋评说
今人一得：狗这一生不容易（王宏哲）
多读一点：福克纳与故乡奥克斯福
噪音（R. K. 纳拉扬）/ 六〇
千秋评说
今人一得：噪与躁（朱以撒）
自荒地（吉增刚造）/ 六七
千秋评说
今人一得：远去的田园（李汉荣）
多读一点：有意思的《枕草子》

美文推荐
时间之主（普里什文）/ 七七
蝴蝶（哈里·埃德蒙·马丁松）/ 七九

文史撷英

张伯苓的“十一号车” / 八一
罗斯福先发制人 / 八四

书香

《和平与战争之间》 / 八六
《当下的启蒙》 / 八八
《亲爱的提奥——梵高传》 / 九一

艺术欣赏

令人瞬间落泪的音符——贝多芬的第七号 D 大调钢琴奏鸣曲 / 九四

法者，治之端也

◎张真理

“法者，治之端也”出自《荀子·君道》：“法者，治之端也；君子者，法之原也。故有君子，则法虽省，足以遍矣；无君子，则法虽具，失先后之施，不能应事之变，足以乱矣。不知法之义而正法之数者，虽博，临事必乱。”这一段话的大致意思是：良法已备，是国家治理的开端；道德与智慧兼具的君子，是国家治理的根本。因此，有了这种君子，律法虽然简略，但足以处理国家方方面面的事务；少了这种人，律法即使条目众多，也往往不能恰如其分地适用，难以应对现实中各种挑战，从而给国家埋下隐患。不懂得律法的原则和精神，而只注重律法的条文数目多少，遇到变动的现实肯定手足无措。

作为先秦儒家“继往圣”与“开汉儒”的“新派”人物，身处战国后期的荀子直面周道衰亡，纲纪散坏，诸侯专征，战乱频仍，百姓困厄，人心思安的现实，一生孜孜求索，在这片广袤的土地上构成一个统一的政治、经济和文化共同体所必须遵行的治理之道：“得道以持之，则大安也。”由此，荀子提出的“法者，治之端也”的思想，承载着经世济民、治国平天下的深沉关怀和内在逻辑。

首先，治国者，必良法也。在改刑为法的历史背景下，荀子认为治国应“明礼义以化之，起法正以治之，重刑罚以禁之”，由此“隆礼尊贤而王，重法爱民而霸”。但是荀子这里所谈的法，不仅是一种普遍适用的行为规则，而且是一种“良法”。“良法”是一种合乎道德原则的律法，即合“礼义”之法。只有“诚义乎志意，加义乎法则度量，箸之以政事，案申重之以贵贱杀生”，方能称其为“良法”。唯行“良法”，才能养万民于安乐，“四海之内若一家”，所以

“良法”也是“王者之法”。这一点在当今发展为“以法治体现道德理念”的基本原则。习近平主席在《共同构建人类命运共同体》的主旨演讲中提及的“要为当代人着想，还要为子孙后代负责”“公正合理”“主权平等”“共赢共享”等道德理念都是国际法治的要义所在，无此则难以称之为“良法”，舍此也无法建立一个公平正义的国际新秩序。

其次，无君子，则良法不行也。良好的律法，仅仅是治国的一个开端、一个条件而已，没有恰当的执行法的人，“良法”只能停留在口头上、纸面上，无法成为现实的社会秩序。有“良法”，不一定有治世。“故法不能独立，类不能自行，得其人则存，失其人则亡。”这种人就是君子，“君子者，治之原也。官人守数，君子养原”。有了君子，则律法即使有所不足，也能使国家安定。“故有良法而乱者，有之矣；有君子而乱者，自古及今，未尝闻也。”这一点在当今逐渐发展为对一整套适合国情的法治运行体制机制，和一支高素质的（广义）执法人员队伍的不懈追求。

再次，君子者，行道者也。符合哪些标准，才是这里所说的能够行良法治国的君子？荀子将之视为“王者之人”：“饰动以礼义，听断以类，明振毫末，举措应变而不穷。”可主要概括为两条标准：一是具有“去蔽”的认知能力。人们的认识往往因固守自己的利益和立场而失之片面，荀子将之总结为“凡人之患，蔽于一曲，而暗于大理”。而要想去除这种“蔽塞之祸”，就必须“虚壹而静”“主其心而慎治之”“物至而应，事起而辨”。二是具有行“礼义”的道德实践能力。“忠信以为质，端悫以为统，礼义以为文，伦类以为理”，才是君子之道。

（文章有删节，选自《光明日报》2019年5月10日）

不钓大小，只求其趣

◎桑林峰

生活之中，很多事情皆有其趣。如果适度求之，则能乐在其中，涵养品格。倘若欲望太盛，奢求太多，便会失去趣味，乃至走上歧途。

清散文家吴敏树写有《说钓》一文，阐述了钓鱼与趣味的关系。不钓大小，只求其趣，这才是真正的钓者。然而很多人钓鱼时心里老是想“得大鱼焉”，劳心瘁神，弄得“手倦足疲”“腹饥思食甚”，其根本在于悟“趣”未彻底，没有真正得到“趣”。

“趣”是一种不被物役的适度，一种顺其自然的态度。倘若唯大是逐，贪大求多，非大不取，便会失去趣味，乃至迷失自我。吴敏树把钓鱼和做官作比较，“若其进于礼部，吏于天官，是得鱼之大，吾方数数钓而又未能有之者也。然而大之上有大焉，得之后有得焉，劳神侥幸之门，忍苦风尘之路，终身无满意时，老死而不知休止，求如此之日暮归来而博妻孥之一笑，岂可得耶？”这段话深刻地告诉我们，唯鱼之求，不钓大小，只求其趣；唯功名之求，不求功名大小，只求为民造福。一个为官者，只有求获己心，不执迷于“欲”，保持廉洁的自觉，方得人生趣味。

人生贵在有真趣。“悠长之趣，不得于浓酽，而得于啜菽饮水；惆恨之怀，不生于枯寂，而生于品竹调丝。故知浓处味常短，淡中趣独真也。”好一个浓处味短、淡中趣真！它告诉我们：生活有趣味，不在锦衣玉食，渴求过多；而在粗茶淡饭，知进知止。一旦追求浓烈，必然过于油腻，也就失去了淡雅舒缓、清风明月，何谈趣味？

“世人所难得者唯趣。趣如山上之色，水中之味，花中之光……虽善说者不能下一语，唯会心者知之。”明代“公安派”的代表人物袁宏道如此说“趣”。可见，趣并不好求。坚持有守有为、明进知止，不钓大小，唯求适度，成为一位

“会心者”，才能知趣得趣。

人能以物寄情，但不能太过痴迷留恋。苏轼在《宝绘堂记》中写道：“君子可以寓意于物，而不可以留意于物。寓意于物，虽微物足以为乐，虽尤物不足以为病。留意于物，虽微物足以为病，虽尤物不足以为乐。”就拿钓鱼来说，倘若留意于物，钓到一条大鱼还想着更大的，人为物役，心为形累，就不会有乐趣。而寓意于物，不论是琴棋书画，还是梅兰竹菊，都可以寄托情感、发掘旨趣、收获安宁，这就是真趣味，也必然会深得生活之美、灵魂之乐。

（文章有删节，选自《中国纪检监察》2019年第10期）

读字

赑：读bì。赑屃（xì），用力的样子。也指传说中的一种动物，像龟。旧时大石碑的基座多雕成它的形状。

《特别推荐》编选：匡杨乐 李璐

顺应自然

◎［西汉］刘安

古人讲究天人合一，对自然充满了敬畏之情，强调按照自然规律休养生息。西汉时的《淮南子》就有如此深刻的领悟，它将自然、百姓和国家的命运联系起来，阐述他们之间相互依存的关系，体现出浓厚的民本思想。

食者，民之本也。民者，国之本也。国者，君之本也。是故人君者，上因天时，下尽地财，中用人力，是以群生遂长，五谷蕃殖。教民养育六畜，以时种树，务修田畴，滋植桑麻，肥墝[1]高下，各因其宜。丘陵阪[2]险不生五谷者，以树竹木，春伐枯槁，夏取果蓏[3]，秋畜疏食，冬伐薪蒸[4]，以为民资。是故生无乏用，死无转尸。

故先王之法，畋不掩[5]群，不取麛夭[6]，不涸泽而渔，不焚林而猎。豺未祭兽，罝罦[7]不得布于野；獭未祭鱼[8]，网罟不得入于水；鹰隼未挚[9]，罗网不得张于溪谷；草木未落，斤斧不得入山林；昆虫未蛰，不得以火烧田。孕育不得杀，鷇[10]卵不得探，鱼不长尺不得取，彘不期年不得食。是故草木之发若蒸气，禽兽归之若流泉，飞鸟归之若烟云，有所以致之也。

故先王之政，四海之云至而修封疆，虾蟇[11]鸣、燕降而达路除道，阴降百泉则修桥梁，昏张[12]中则务种谷，大火[13]中则种黍菽，虚[14]中则种宿麦，昴[15]中则收敛畜积伐薪木。上告于天，下布之民，先王之所以应时修备、富国利民、实旷[16]来远者，其道备矣。非能目见而足行之也，欲利之也。欲利之也，不忘于心，则官自备矣。

（标题为编者所拟，文章有删节，选自《淮南子校释》（增订本），北京大学出版社，2013年1月）

[1]墝（qiāo）：土壤坚硬不肥沃。[2]阪：山坡。[3]果蓏（luǒ）：植物的果实，其中有核的是果，无核的是蓏。[4]薪蒸：薪材，木材中大的称薪，小的称蒸。[5]掩：尽。[6]麛（mí）夭：泛指幼兽，鹿的幼子称麛，麋的幼子称夭。[7]罝罘（jū fú）：捕捉鸟兽的网。[8]獭（tǎ）未祭鱼：水獭是一种食肉动物，每到春天，捕取鲤鱼陈列在水边，称为“祭鱼”。[9]挚：通“鸷”，猛禽。[10]鷇（kòu）：需要喂食的幼鸟。[11]虾蟇（xiā má）：虾蟆。[12]张：二十八宿中的南方朱雀七宿之一。[13]大火：又叫心宿二，二十八宿中的东方苍龙七宿之一。[14]虚：二十八宿中的北方玄武七宿之一。[15]昴（mǎo）：二十八宿中的西方白虎七宿之一。[16]旷：空缺。

译 文

吃饭是百姓的根本，百姓是国家的根本，国家是国君的根本。因此作为一国之君，上要遵循天时，下要竭尽地利，中要合理使用人力，如此自然界的生物才能顺利生长，五谷才能繁殖。国君应该指导百姓养育六畜，按照季节种植树木，务必要求整治好田地，种植好织布用的桑麻，按照土地的肥瘠和高下，种植适宜的植物，丘陵山坡不能生长五谷的地方，用来种植竹类树木，春季砍伐枯木，夏季收获瓜果，秋季积蓄蔬食，冬季砍伐柴薪，用来作为民生的资用。因此百姓活着的时候不缺乏用度，死了的时候也有葬身之地。

先王治国的方法是，打猎的时候绝不捕尽群兽，不捕杀鹿类的幼崽，不排尽池水来捕鱼，不烧毁山林去打猎。未到豺捕杀兽的霜降时节，捕鸟兽的网不得放置于田野；未到獭捕杀鱼的孟春时节，捕鱼虾的渔网不得放入水中；未到鹰隼捕杀鸟类的处暑时节，捕鸟的罗网不得张设于溪谷；未到草木凋零的时候，砍伐的斧斤不得进入山林；未到昆虫蛰伏的时候，不得用火来烧田积肥。孕期的动物不得杀死，幼鸟和鸟卵不得掏取。鱼不满一尺不得捕食，猪未过一年不得宰杀。因此草木就像蒸气一样蓬勃生长，禽兽就像涌泉一样纷至沓来，飞鸟就如烟云一样纷纷聚集，这是先王保护生物的正确措施带来的呀！

因此先王的政治治理，立春之时四海云气来临，就要修整田界；三月之时虾蟆鸣叫，燕子飞临，就要通达道路，清除路障；十月之时阴气盈满所有山泉，那么便可以修建桥梁；三月黄昏之时，张星正中南天，那么就要种植谷类植物；四月黄昏之时，大火正中南天，那么就要种植黍豆类植物；八月黄昏之时，虚星正中南天，那么就要种植越冬小麦；九月黄昏之时，昴星正中南天，那么就要收割和蓄积粮食瓜果，砍伐柴薪准备过冬。国君向上禀告天帝，向下布告万民。先王能够按照季节做好准备，使国家富强人民获利，使空虚的府库盈满，使远方的人归附，因此他的国家治理是十分圆满的。能够取得这样的成就，并非先王亲自察看、亲身践行，而是他拥有为天下人民谋利益的愿望。有了为天下人民谋利益的愿望，时时刻刻铭记在心，那么官员就会兢兢业业忠于职守了。

千秋评说

顺之以天理，行之以五德，应之以自然。（[先秦]庄子）

天地任自然，无为无造，万物自相治理。（[三国]王弼）

且夫自然而然者，天地且不能知，而圣人岂得与于其间而制其予夺哉！（[北宋]苏轼）

生之道

◎冀晋澄

生之道，贵在顺应自然。

学着老鹰俯冲向山羊的乌鸦终究是失败了。身子太轻，爪子又易被羊毛缠住，自然的生理结构早已注定了它的行为方式。但是它还是执着地向边缘试探。不知“天命”的无知最终换来了最愚蠢的伤痛。

乌鸦的俯冲捕食看似是另一种生存手段，实则不然。两者身体构造、进化习性的不同早已消除相互之间效仿的可能。打破自然之道而盲目“求生”，所得不过是“短生”，令人唏嘘。其实，生之道的精妙在于对天性的遵从，对自然的顺应。它看似寻常简单，实则透着一种生命的智慧。越是理所当然，越让人难以琢磨其中的因果，也越显其深明。

古有《庄子》一则述庖丁解牛之道，并无

玄虚高超的技法，只不过是顺应牛的天性。收其利刃，不遇筋骨交结之处，方可游刃有余。比起旁人强硬而为，所换来的月更刀岁更刀，实在更显智慧从容。自然之道的精妙在此可彰显一二，不仅保得刀的“长生”，更使解牛之法的精神得以“长生”。在不打破天性框架的前提下，遵循内心的追求，不惊不惶，无生旁枝杂念。时日越久，越显其自由从容之态。所得的生之道，更不仅限于生命长存，而是道法自然所带来的处世不迫。

（文章有删节，选自《青年文学家》2018年第26期）

多读一点

《淮南子》与二十四节气的创立

中国二十四节气的创立，经过了漫长的岁月。

早在《尚书·虞书·尧典》中就记载：“日

中，星鸟，以殷仲春。……日永，星火，以正仲夏。……宵中，星虚，以殷仲秋。……日短，星昴，以正仲冬。”日中，指春分。日永，指夏至。宵中，指秋分。日短，指冬至。《左传·昭公十七年》载：“玄鸟氏，司分者也；伯赵氏，司至者也；青鸟氏，司启者也；丹鸟氏，司闭者也。”用玄鸟、伯赵、青鸟、丹鸟代表四季。《吕氏春秋》中有立春、日夜分（春分）、立夏、日长至（夏至）、立秋、日夜分（秋分）、立冬、日短至（冬至）、雨水、白露等10个节气。先秦时期，诸侯混战，天下动乱，科研条件有限，二十四节气的体系和名称尚未确立，属于前期研究阶段。

汉朝的建立，结束了长期的战乱局面，天下安定，经济恢复，文化繁荣，学术发展。在这样的条件之下，二十四节气的研究，才能得以进行，最终在西汉淮南王刘安（前179—前122）的《淮南子·天文训》中得以完成，并流传至今。

淮南王刘安“好读书鼓琴”，博学多才，著述宏富。刘安的著作大多已经失传，而被胡适称为“绝代奇书”的《淮南子》，却得以幸存。《汉书·淮南王传》记载：“初，安入朝，献所作《内篇》，新出，上爱秘之。”淮南王刘安和门客研究成功的二十四节气，收在《淮南子·天文训》之中，在汉武帝即位第三年，献给了朝廷，并且得到了皇帝的喜爱。那么，二十四节气体系的完成和发布，至今已有2155年。

淮南王刘安为王42年，都城为寿春，即今安徽省淮南市的寿县，正是位于分界线的中点线上。在我国冬季一月份等温线图零度的走向上，江苏洪泽、安徽蚌埠、河南桐柏，一月份平均温度为一摄氏度。淮河—秦岭一线，四季分明。春季，洪泽、蚌埠、桐柏，平均59天；夏季，平均111天；秋季，平均61天；冬季，平均133天。这就说明，春季时间短，夏季时间长，秋季和春季相仿，冬季时间长。正好体现了二十四节气两“分”两“至”的特点。

（作者陈广忠，文章有删节，选自《人民日报》（海外版）2017年1月24日）

初入武夷

◎[唐]李商隐

李商隐（约813—约858），字义山，号玉谿生，怀州河内（今河南沁阳）人，晚唐诗人，与杜牧并称“小李杜”，与温庭筠并称“温李”。他的诗歌大多情感细腻，表达委婉曲折，有深致婉约之美。《初入武夷》一诗一改常态，以轻快明丽的笔触写出了雨后武夷山的清爽干净，给人阳光、积极的感觉。此诗一说作者为陆游。

未到名山梦已新，千峰拔地玉嶙峋。

幔亭一夜风吹雨，似与游人洗俗尘。

左慈掷杯戏曹操

◎[明]罗贯中

罗贯中（约1330—约1400）在创作《三国演义》时，不仅关注重大的政治、军事斗争，还有意识地穿插了一些游离于主体情节之外的故事，并赋予它们神秘色彩。这些故事有效地调节了叙事节奏，从特殊角度展示了人物性格和传统文化的魅力，同时也传递出作者的爱憎。本文便是其中一例。

冬十月，魏王宫成，差人往各处收取奇花异果，栽植后苑。有使者到吴地，见了孙权，传魏王令旨，再往温州取柑子。时孙权正尊让魏王，便令人于本城选了大柑子四十余担，星夜送往邺郡。至中途，挑担役夫疲困，歇于山脚下，见一先生，眇一目，跛一足，头戴白藤冠，身穿青懒衣，来与脚夫作礼，言曰："你等挑担劳苦，贫道都替你挑一肩何如？"众人大喜。于是先生每担各挑五里。但是先生挑过的担儿都轻了。众皆惊疑。先生临去，与领柑子官说："贫道乃魏王乡中故人，姓左，名慈，字元放，道号乌角先生。如你到邺郡，可说左慈申意。"遂拂袖而去。取柑人至邺郡见操，呈上柑子。操亲剖之，但只空壳，内并无肉。操大惊，问取柑人。取柑人以左慈之事对，曹未肯信。

门吏忽报："有一先生，自称左慈，求见大王。"操召入。取柑人曰："此正途中所见之人。"操叱之曰："汝以何妖术，摄吾佳果？"慈笑曰："岂有此事！"取柑剖之，内皆有肉，其味甚甜。但操自剖者皆空壳。操愈惊，乃赐左慈坐而问之。慈索酒肉，操令与之。饮酒五斗不醉，肉食全羊不饱。

是日，诸官皆至王宫大宴。正行酒间，左慈足穿木履，立于筵前。众官惊怪。左慈曰："大王今日水陆俱备，大宴群臣，四方异物极多，内中欠少何物，贫道愿取之。"操曰："我要龙肝作羹，汝能取否？"慈曰："有何难哉！"取墨笔于粉墙上画一条龙，以袍袖一拂，龙腹自开。左慈于龙腹中提出龙肝一副，鲜血尚流。操不信，叱之曰："汝先藏于袖中耳！"慈曰："即今天寒，草木枯死，大王要甚好花，随意所欲。"操曰："吾只要牡丹花。"慈曰："易耳。"令取大花盆放筵前。以水噀之。顷刻发出牡丹一株，开放双花。众官大惊，邀慈同坐而食。少刻，庖人进鱼脍。慈曰："脍必松江鲈鱼者方美。"操曰："千里之隔，安能取之？"慈曰："此亦何难取！"教把钓竿来，于堂下鱼池中钓之。顷刻，钓出数十尾大鲈鱼，放在殿上。操曰："吾池中原有此鱼。"慈曰："大王何相欺耶？天下鲈鱼只两腮，惟松江鲈鱼有四腮，此可辨也。"众官视之，果是四腮。慈曰："烹松江鲈鱼，须紫芽姜方可。"操曰："汝亦能取之否？"慈曰："易耳。"令取金盆一个，慈以衣覆之。须臾得紫芽姜满盆，进上操前。操大疑，慈取桌上玉杯，满斟佳酿，进操曰："大王可饮此酒，寿有千年。"操曰："汝可先饮。"慈遂拔冠上玉簪，于杯中一画，将酒分为两半，自饮一半，将一半奉操。操叱之。慈掷杯于空中，化成一白鸠，绕殿而飞。众官仰面视之，左慈不知所往。

（文章有删节，选自《三国演义》，人民文学出版社，1998年5月）

《古典》编选：吕苗莉 徐昌盛 杨括 陆敏

杂感

◎鲁迅

本文原载于1925年5月8日《莽原》第3期，后收入《华盖集》。作者以忧愤的情绪、诗意的语言、精妙的比喻，描绘了当时的革命斗争形势，企望着暴风雨般的革命早日到来。

人们有泪，比动物进化，但即此有泪，也就是不进化，正如已经只有盲肠，比鸟类进化，而究竟还有盲肠，终不能很算进化一样。凡这些，不但是无用的赘物，还要使其人达到无谓的灭亡。

现今的人们还以眼泪赠答，并且以这为最上的赠品，因为他此外一无所有。无泪的人则以血赠答，但又各各拒绝别人的血。

人大抵不愿意爱人下泪。但临死之际，可能也不愿意爱人为你下泪么？无泪的人无论何时，都不愿意爱人下泪，并且连血也不要：他拒绝一切为他的哭泣和灭亡。

人被杀于万众聚观之中，比被杀在“人不知鬼不觉”的地方快活，因为他可以妄想，博得观众中的或人的眼泪。但是，无泪的人无论被杀在什么所在，于他并无不同。

杀了无泪的人，一定连血也不见。爱人不觉他被杀之惨，仇人也终于得不到杀他之乐：这是他的报恩和复仇。

死于敌手的锋刃，不足悲苦；死于不知何来的暗器，却是悲苦。但最悲苦的是死于慈母或爱人误进的毒药，战友乱发的流弹，病菌的并无恶意的侵入，不是我自己制定的死刑。

仰慕往古的，回往古去罢！想出世的，快出世罢！想上天的，快上天罢！灵魂要离开肉体的，赶快离开罢！现在的地上，应该是执着现在，执着地上的人们居住的。

但厌恶现世的人们还住着。这都是现世的仇

仇，他们一日存在，现世即一日不能得救。

先前，也曾有些愿意活在现世而不得的人们，沉默过了，呻吟过了，叹息过了，哭泣过了，哀求过了，但仍然愿意活在现世而不得，因为他们忘却了愤怒。

勇者愤怒，抽刃向更强者；怯者愤怒，却抽刃向更弱者。不可救药的民族中，一定有许多英雄，专向孩子们瞪眼。这些孱头们！

孩子们在瞪眼中长大了，又向别的孩子们瞪眼，并且想：他们一生都过在愤怒中。因为愤怒只是如此，所以他们要愤怒一生，——而且还要愤怒二世，三世，四世，以至末世。

无论爱什么，——饭，异性，国，民族，人类等等，——只有纠缠如毒蛇，执着如怨鬼，二六时中[1]，没有已时者有望。但太觉疲劳时，也无妨休息一会罢；但休息之后，就再来一回罢，而且两回，三回……。血书，章程，请愿，讲学，哭，电报，开会，挽联，演说，神经衰弱，则一切无用。

血书所能挣来的是什么？不过就是你的一张

血书，况且并不好看。至于神经衰弱，其实倒是自己生了病，你不要再当作宝贝了，我的可敬爱而讨厌的朋友呀！

我们听到呻吟，叹息，哭泣，哀求，无须吃惊。见了酷烈的沉默，就应该留心了；见有什么像毒蛇似的在尸林中蜿蜒，怨鬼似的在黑暗中奔驰，就更应该留心了：这在豫告“真的愤怒”将要到来。那时候，仰慕往古的就要回往古去了，想出世的要出世去了，想上天的要上天了，灵魂要离开肉体的就要离开了！……

（选自《希望：鲁迅散文》，浙江文艺出版社，2014年1月）

[1]二六时中：即十二个时辰，整日整夜的意思。

千秋评说

鲁迅先生是不愿意承受“冷静”那评价的，所以有这番说话。他确乎不是个“冷静”的人，他的憎正由于他的爱，他的“冷嘲”其实是“热

讽”。（朱自清）

英勇是一种力量，但不是腿部和臂部的力量，而是心灵和灵魂的力量，这力量并不存在于战马和武器价值之中，而是存在于我们自身之中。（[法]蒙田）

一个被压迫的民族有权利在他们可能的时候站立起来，砸碎身上的枷锁。（[美]亨利·克莱）

今人一得

最硬的骨头

◎以群

鲁迅在尖锐的斗争中，不是一个旁观者，更不是一个“第三条道路”的追求者，而是坚决和中国的共产主义者站在一起，坚决和中国广大的人民大众站在一起的文化革命的旗手和主将。他由于亲身参与了实际的革命斗争，因此深刻地了解了革命斗争的真实情形，特别是深刻地了解了敌人的面貌、性格和特质。也因此，他才能成为像毛泽东同志所说的“没有丝毫的奴颜和媚骨”的、“代表全民族的大多数，向着敌人冲锋陷阵的最正确、最勇敢、最坚决、最忠实、最热忱的空前的民族英雄”。

鲁迅，不仅是非分明、爱憎分明，而且在对敌斗争中，始终是坚决彻底、毫不妥协的，他的“骨头是最硬的”。在鲁迅的头脑中，从来没有丝毫对敌人的幻想。1930年，当“中国左翼作家联盟”成立的时候，他所提出的“今后应注意”的事项，其中第一点就是“对于旧社会和旧势力的斗争，必须坚决，持久不断，而且注重实力”。鲁迅通过长期的“实际的社会斗争”，对当时那个腐朽的社会，对那些日趋没落的腐朽势力，有着深刻的认识，也有着刻骨的仇恨，他的斗争意志正是从这里产生的。

他常常提醒人们：“必须更多地去解剖当面的敌人。”“必须深知敌人的情形。”他认为，无论是作为一个革命的战斗者，还是作为一个革命的文学家，都需要如此。鲁迅曾经用最简洁的语句来划清中国人民群众和帝国主义之间的界限：“我们的痈疽，是它们的宝贝，那么，它们的敌人，当然是我们的朋友了。”他指出：帝国主义在“自身正在崩溃下去，无法支持”的时候，就必然会更清楚地暴露它们的真面貌。

鲁迅，正是由于对敌人——帝国主义和国民党反动派——有着深刻的认识和刻骨的仇恨，所以才那么坚定不移地和党站在一起，和工农大众站在一起，和敌人坚持不屈地斗争着，一直到生命的终结。

鲁迅这种坚持斗争到底的精神，直到今天，还是应该大大发扬的。“鲁迅的方向，就是中华民族新文化的方向”，其根本的原因就在这里。

（标题为编者所拟，原题《学习鲁迅的坚决、持久的斗争精神》，文章有删改，选自《今昔文谈》，上海文艺出版社，1962年12月）

鲁迅先生的画事

鲁迅作为举世闻名的大文豪，绘画是他的业余爱好。他从小就喜欢美术，对插图本《山海经》《花镜》《二十四孝图》等图文读物十分感兴趣。早在绍兴三味书屋里读书时，他就趁着先生不注意，悄悄在底下画画儿，用一种叫“荆川纸”的透明薄纸蒙在上述读物的图画上，描下图像来。后来还亲手临摹《西游记》《荡寇志》全部绣像。画多了，积成一大本，因缺钱用，还将它卖给了一个同窗。鲁迅的美术功底就是那时打下的。那画居然能换钱，想必是有一定水平的。1909年在杭州的两级师范教书时，鲁迅曾在自己备课笔记封面的右上角，亲手画了一只小小的猫头鹰作为装饰。这只猫头鹰体态丰满，神情稚憨，惹人喜爱。虽是鲁迅课余随意的画作，但已可见他娴熟的技巧和不凡的功底。现在，这本笔记本还珍藏在国家图书馆。

鲁迅终生偏爱版画，尤其是木刻。他在从事文学工作的同时，花了不少时间研究明清版画，重印古代优秀木刻《十竹斋笺谱》，还以朝花社和三闲书屋的名义引进、出版了大量外国木刻作品，对当年新兴的版画事业，做出了卓越的贡献。

出于节省成本、保证书刊质量的考虑，鲁迅还多次操刀，为自己的书刊设计封面。1927年3月，鲁迅的第一本杂文集《坟》由北京未名社出版，他亲自设计了一幅封面画，在“鲁迅”“坟”字样的花框右上角，赫然蹲踞着一只灵气透纸的猫头鹰，它歪着头，双目一睁一闭，颇为新颖别致，引人注目。他还为自己的《呐喊》《且介亭杂文》《集外集》等著作设计过封面，构图淡雅朴素，而不失庄重别致，达到了炉火纯青的境界。鲁迅为自己的图书设计封面是费了一番苦心的，在为他人著作设计封面时，也是全身心投入。如他给高长虹的散文集《心的探险》所绘制的群魅腾云的图案，颇见功力和巧思。

（作者雷克昌，文章有删节，选自《中国美术报》2018年6月11日）

灯台守

◎冰心

本文源自冰心（1900—1999）的一段回忆，它围绕父女二人关于“看守灯塔”的对话展开，体现了作者对“清静伟大，照射光明的生活”的向往。

是除夜的酒后，在父亲的书室里。父亲看书，我也坐近书几，已是久久的沉默——

我站起，双手支颐（腮，也指下巴），半倚在几上，我唤：“爹爹！”父亲抬起头来，“我想看守灯塔去。”

父亲笑了一笑，说：“也好，整年整月的守着海——只是太冷寂一些。”说完仍看他的书。

我又说：“我不怕冷寂，真的，爹爹！”父亲放下书说：“真的便怎样？”

这时我反无从说起了！我耸一耸肩，我说：“看灯塔是一种最伟大，最高尚，而又最有诗意的生活……”

父亲点头说：“这个自然！”他往后靠着椅背，是预备长谈的姿势。这时我们都感着兴味了。

我仍旧站着，我说：“只要是一样的为人民服务，不是独善其身；我们固然不必避世，而因着性之相近，我们也不必避‘避世’！”

父亲笑着点头。

我接着：“避世而出家，是我所不屑做的，奈何以青年有为之身，受十方供养？”

我勇敢的说：“灯台守的别名，便是‘光明的使者’。他抛离田里，牺牲了家人骨肉的团聚，一切种种世上耳目纷华的娱乐，来整年整月的对着渺茫无际的海天。除却海上的飞鸥片帆，天上的云涌风起，不能有新的接触。除了骀荡的海风，和岛上崖旁转青的小草，他不知春至。我抛却‘乐群’，只知‘敬业’……”

父亲说：“和人群大陆隔绝，是怎样的一种牺牲，这情绪，我们航海人真是透彻中边的了！”言次，他微叹。

我连忙说：“否，这在我并不是牺牲！我晚

上举着火炬，登上天梯，我觉得有无上的倨傲与光荣。几多好男子，轻侮别离，弄潮破浪，狎习了海上的腥风，驱使着如意的桅帆，自以为不可一世，而在狂飙浓雾，海水山立之顷，他们却蹙眉低首，捧盘屏息，凝注着这一点高悬闪烁的光明！这一点是警觉，是慰安，是导引，然而这一点是由我燃着！”

父亲笑说：“灯塔生活，固然极其超脱，而你的幻象，也未免过于美丽。倘若病起来，海水拍天之间，你可怎么办？”

我也笑道：“这个容易——一时虑不到这些！”

父亲道：“病只关你一身，误了燃灯，却是关于众生的光明……”

我连忙说：“所以我说这生活是伟大的！”父亲看我一笑，笑我词支，说：“我知道你会登梯燃灯，但倘若有大风浓雾，触石沉舟的事，你须鸣枪，你须放艇……”

我郑重的说：“这一切，尤其是我所深爱的。为着自己，为着众生，我都愿学！”

父亲敛容，沉思的抚着书角，半天，说："我无有不赞成，我无有不为力。为着去国离家，吸受海上腥风的航海者，我忍心舍遣我唯一的弱女，到岛山上点起光明。但是，唯一的条件，灯台守不要女孩子！"

我木然勉强一笑，退坐了下去。又是久久的沉默——

父亲站起来，慰安我似的："清静伟大，照射光明的生活，原不止灯台守，人生宽广的很！"

（标题为编者所拟，原题《往事（二）之八》，文章有删节，选自《冰心散文》，人民文学出版社，2005年5月）

千秋评说

灯塔长明不冻港，层楼今为海员开。（老舍）

真正美丽的东西必须一方面跟自然一致，另一方面跟理想一致。（[德]席勒）

现实是此岸，理想是彼岸，中间隔着湍急的河流，行动则是架在河上的桥梁。（[俄]克雷洛夫）

今人一得

灯祭

◎迟子建

父亲在世时，每逢过年我就会得到一盏灯。那灯是不寻常的。

从门外的雪地上捡回一个罐头瓶，然后将一瓢滚热的开水倒进瓶里，啪的一声，瓶底均匀地落下来，灯罩便诞生了。赶紧用废棉花将灯罩擦得亮亮的，亮到能看清瓶中央飞旋的灰尘为止。灯的底座是圆形的，木制，有花纹，面积比灯罩要大上一圈，沿边缘对称地钻两个眼，将铁丝从一只眼穿过去，然后沿着底座的直径爬行，再扎入另一只眼中，铁丝在手的牵引下像眼镜蛇一样摇摆着身子朝上伸展，两个端头一旦汇合扭结在一起，灯座便大功告成了。那时候从底座中心再钉透一根钉子，把半截红烛固定在钉子上。待到夜幕降临时，轻轻捧起灯罩，嚓地点燃蜡烛，敛声屏气地落下灯罩，你提着这盏灯就觉得无限风光了。

父亲给我做这盏灯总要花上很多工夫。就说做灯罩，他总要捡回五六个瓶才能做成一个。不是把瓶子全炸碎了，就是瓶子安然无恙地保持原状，再不就是炸成功了，一看却是一只猪肉罐头瓶子，怎么擦都混浊，只好弃了。

尽管如此，除夕夜父亲总能让我提到一盏称心如意的灯。没有月亮的除夕里，这盏灯就是月亮了。我怀揣着一盒火柴提着灯走东家串西家，每到一家都将灯吹灭，听人家夸几句这灯看着有多好，然后再心满意足地擦根火柴点燃灯去另一家。每每转回到家里时，蜡烛烧得只剩下一汪油了。

那时父亲会笑吟吟地问：“把那些光全折腾没了吧？”

“全给丢在路上了。”我说，“剩下最亮的光赶紧提回家来了。”

“还真顾家啊。”父亲打趣着我去看那盏灯。那汪蜡烛油上斜着一束蓬勃芬芳的光，的确是亮丽至极，将死的光芒总是灿烂夺目的。

过年要让家里里外外都是光明。所以不仅我手中有灯，院子里也是有灯的。院子中的灯有高有低。高高在上的灯是红灯，它被挂在灯笼杆的顶端，灯笼穗长长的，风一吹，唰唰响。低处的灯是冰灯，冰灯放在窗台上，放在大门口的木墩上，冰灯就能照亮它周围的一些景色，所以除夕夜藏猫猫要离冰灯远远的。无论是高出屋脊的红灯还是安闲地坐在低处的冰灯，都让人觉得温暖。但不管它们多么动人，也不如父亲送给我的灯美丽。

因为有了年，就觉得日子是有盼头的。而因为有了父亲，年也就显得有声有色。而如果又有了父亲送我的灯，年则妖娆迷人了。

（文章有删节，选自《年画与蟋蟀：迟子建散文》，浙江文艺出版社，2014年1月）

教育之高尚理想

◎蔡元培

1915年，教育家蔡元培（1868—1940）写下此文，探讨教育界不可或缺的理想，对当今仍有指导意义。

人类者，动物之一种。保持生命，继续种性之本能，动物所同具也。人类之所以别他动物为进化者，以有理想。教育者，养成人格之事业也。使仅仅为灌注知识、练习技能之作用，而不贯之以理想，则是机械之教育，非所以施于人类也。教育界中所不可缺之理想，大要如下：

一曰调和之世界观与人生观。夫世界果为何物，吾人之在世界，究居何等地位，是为哲学界聚讼之问题，诚不宜以举一废百之道强立标准。然无论何人，不可不有其一种之世界观及其与是相应之人生观，则教育之通则也。夫以世界之溥博如是，悠久如是，而吾人仅仅于其间占有数尺之形体，数十年之生命。然则以人生观为本位，而忘有所谓世界观者，其见地之湫隘，所不待言。然溥博者，极微之所积，悠久者，至暂之所延，且所谓溥博而悠久者，亦无以质言其为世界之真相，而特为极微而至暂者之所想象。然则持宇宙论而不认有人生之价值也，亦空漠之主义也，纯正之理想，不可不为世界观与人生观之调和。中国宋代哲学家陆象山曰：“宇宙内事，即己分内事；己分内事，即宇宙内事。”其一例也。

二曰担负将来之文化。世界，进化者也。后起者得前辈之事业以为凭借，苟其能力不逊于前人，则其所成立者，必较前人为倍蓰之进步。况教育为播种之业，其收效尚在十年以后，决不能以保存固有之文化为目的，而当为更进一步之理想。中国古代之《盘铭》曰：“苟日新，日日新，又日新。”此其例也。

三曰独立不惧之精神。夫教育之业，既致力于将来之文化，则凡抱陈死之思想、扭目前之功利、而干涉教育为其前途之障碍者，虽临以教会之势力，劫以政府之权威，亦当孤行其是、而无为所屈。昔苏革拉底（编者注：今译苏格拉底）行其服从真理之教育，为守旧者所嫉，至于下狱，受鸩而不易其操。此其例也。

四曰安贫乐道之志趣。教育之关系，至为重大，而其生涯，乃至为冷淡。各国小学教员之俸给，有不足以赡其家者。夫人苟以富贵为鹄的，则政治、实业之途，惟其所择；今舍之而委身于教育，则必于淡泊宁静之中，独有无穷之兴趣，虽高官厚禄，不与易焉。孔子曰："饭蔬食（编者注：孔子原文为'饭疏食饮水'），曲肱而枕之，乐亦在其中矣，不义而富且贵，于我如浮云。"谛阿舍纳Diogene（编者注：今译第欧根尼）偃息桶中，亚历山大王问何所欲？对曰：欲汝无掩我日光而已。此其例也。

夫以当今物质文明之当王，拜金主义之盛行，上述诸义，几何不被目为迂阔，然教育指导社会，而非随逐社会者也，则乌得不于是加之意焉。

（选自《蔡元培学术文化随笔》，中国青年出版社，1996年7月）

千秋评说

敬教劝学，建国之大本；兴贤育才，为政之先务。（[明]朱之瑜）

教人者，成人之长，去人之短也。惟尽知己之所短而后能去人之短，惟不恃己之所长而后能收人之长。（[清]魏源）

一定要看教育是大事业，有大快乐，那无论做小学教员，做中学教员，或做大学教员，都是一样的。（陶行知）

今人一得

教育的诗意

◎刘庆昌

教育的诗意，是教育中的人诗意栖居的产物，意味着教育活动的自然、优雅、浪漫，以及教育活动者充沛的、向善的生命力量。

自然，就是一种诗意。这里所谓自然，并非被动地随波逐流，而是种回归自然的存在姿态。也不可以为这是一种闲逸的姿态，犹如四季运行，草木枯荣，虽然自然，却内含着运动的张力。教育中的自然，意味着认识运动、人际运动内在的流畅与和谐。循序则流畅。如“夫子循循然善诱人，博我以文，约我以礼，欲罢不能”，诗意自在其中。颜渊感受到夫子的教育之美，功不在善诱，而在循循。循循者，有次序，有步骤，更有成人的耐心，是教育者应有的品质。互动则和谐。教者有教的主动，学者有学的主动，各司其职，其乐融融。

优雅，与粗俗两立。优雅是骨子里的文明。作为教育过程的品质，优雅意味着支持它的教育过程具有高度文明的品格。教育通常被视为文化事件，但反文化、反文明的现象，从来就没有在教育过程中缺席。在有的空间里，教育是粗糙的。教育的行为未经切磋琢磨，可以简单、朴素到刀耕火种的水平。在有的空间里，教育是粗俗的。在有的空间里，教育甚至是野蛮的。

浪漫，是不可言传的词语之一，至少，浪漫是充满歧义的。在我这里，浪漫最要紧的是表现着一种超越，对现实的超越和对自我的超越……教育若能浪漫，必然有纯粹精神的交流，必然无俗世里的名利恩怨。教育的过程，成为社会中的真空，在这里，童心在跃动，真情在流露，枯燥变得生动，腐朽化为神奇。教育的浪漫，如平湖波浪、晴空云彩，能彰显教育的活泼和灵动。

教育的诗意还表现为教育者充沛的、向善的生命力。满课堂的生命，却缺少生命的活力，以致人们不得不呼号着“让课堂充满生命的活力”；满校园的规训，却无法营造出浓烈的向善氛围，以致人们无奈地抱怨学校的堕落……追寻教育的诗意，包含着我们对教育诗化的理解，也表达了我们对现实教育的期盼，但终极的意义指向学生以及他们最终要服务的社会。

（文章有删节，选自《思想者的逻辑》，山西人民出版社，2017年2月）

蔡元培的书法

蔡元培18岁以前不曾离开绍兴，对故乡的秀丽山水倍感自豪，对“邻居”王羲之推崇备至。在《鲁迅全集·序》中，蔡元培用“行山阴道上，千岩竞秀，万壑争流，令人应接不暇”之句，赞扬故乡景色，并说“有这种环境，所以历代有著名的文学家、美术家，其中如王逸少的书、陆放翁的诗，尤为永久流行的作品”。

由于身处“书法之乡”的文化氛围中，又由于科举制度下对士子书法的重视，蔡元培自小就注意在书法上用工。《自写年谱》中蔡元培回忆小的时候，六岁习字，“先用描红法……进一步摹写墨印或先生范本……再进一步临写，是选取名人帖子，看熟了，在别纸上仿写出来”。

蔡元培早年师承黄山谷体。黄山谷即北宋文学家和书法家黄庭坚，其行书不循常规，张扬个性，如铁干铜枝，似高峰奇石，以刚劲奇崛著称。此外，蔡元培的小篆写得甚好，《自写年谱》中云："我的八股文是用经、子中古字义、古句法凑成的，钱先生很赏识；诗赋有时候全用小篆写的，王先生很赏识。"钱先生即龙山书院的院长钱振常（钱玄同父亲），王先生即金石大家、善篆隶的稽山书院院长王继香。

但是，蔡元培所习的行书、小篆，与当时科举考场流行的馆阁体相差甚远。馆阁体是一种楷体，属官方书体，讲究规范、美观、整洁、大方，强调共性而非个性。所以蔡元培后来在科考过程中，到了殿试这个环节便遇到了"麻烦"。1890年春，23岁的蔡元培考取贡士，即应参加殿试，但蔡元培没有参加当年的复试和殿试，而是准备两年后补行上述考试，他担心自己的书体与馆阁体不符而影响名次，打算回家练习两年馆阁体再说。

可是回到家乡的两年，蔡元培忙于他事，并没有好好练字。1892年春季，蔡元培再次赴京复试后参加殿试，侥幸得以金榜题名，尔后，蔡元培经过朝考跻身翰林院。

有一次北大学界的知名人物在一起聚会，会上，钱玄同不禁率直地问蔡元培：“蔡先生，前清考翰林，都要字写得很好的才能考中，先生的字写得这样‘蹩脚’，怎样能够考得翰林？”蔡元培听了不以介怀，笑嘻嘻地回答说：“我也不知道，大概那时正风行黄山谷字体的缘故吧！”

（标题为编者所拟，文章有删节，选自《蔡元培传》，北京时代华文书局，2015年11月）

读菜名

狮子头：淮扬菜。隋炀帝南下，留恋扬州万松山、金钱墩、象牙林、葵花岗四大名景，吩咐御厨凭此做菜。御厨费心做成松鼠桂鱼、金钱虾饼、象牙鸡条和葵花献肉，龙颜大悦，淮扬菜于是风行。唐郇国公韦陟宴客，府中名厨韦巨元也做此四道菜，当葵花献肉端上来时，巨大的肉团子做成的葵花心如雄狮之头，宾客趁机劝酒：“郇国公半生戎马，战功彪炳，应佩狮子帅印。”韦陟举杯一饮而尽，说：“为纪念今日盛会，‘葵花献肉’不如改名‘狮子头’。”一呼百诺，遂得此名。

赏菊狮子林

◎周瘦鹃

周瘦鹃（1894—1968），江苏苏州人，作家、园艺家。本文写小雪节气之后入狮子林赏菊的见闻。狮子林是苏州四大古典名园之一，因园中有怪石像狮子而得名。

一进狮子林大门，就瞧见前庭陈列着不少盆菊，五色缤纷，似乎盛装迎客。沿着走廊北进，到了燕誉堂，堂前假山上、花坛里，都错错落落地点缀着菊花，堂上每一几，每一案，都陈列着大小方圆的陶盆、瓷盆，盆中都整整齐齐地种着细种、名种的菊花，真是形形色色，林林总总，任是丹青妙手，怕也没法儿一一描画出来。当初陶渊明所爱赏的，大概只有黄菊一种，怎能比得上我们今天的幸运，可以看到这样丰富多彩的各种名菊而大开眼界，大饱眼福呢。

这一带原是园中的建筑群，燕誉堂的后面是一个小小结构的方厅，从后院中，走出一扇海棠式的门，就到了揖峰指柏轩，再向西进，便是旧时建筑物中仅存的所谓古五松园。每一座厅、一座轩、一座堂，都陈列着多种多样的名菊，而这些厅堂前后都有院落，都有假山，也一样用多种多样的名菊随意点缀着。这触处都是不可胜数的名菊，都是公园、拙政园、留园、狮子林、网师园等花工们一年劳动的结晶。

揖峰指柏轩的前面，有一条狭狭的小溪，溪上架着一条弓形的石桥，桥栏上齐整地排列着好多盆黄色和浅紫色的小菊花，好像是两道锦绣的花边，形成了一条绚烂的花桥。站在轩前抬眼望去，可见一座座的奇峰，一株株的古柏，就可明了轩名揖峰指柏的含义。此外还有头角峥嵘的石笋和木化石，都是五六百年来身历兴废的古物，还是元代造园时就兀立在这里的。这一带的假山迂回曲折，路复山重，要是漫不经心地随意溜达，就好像误入了诸葛孔明的八卦阵，迷迷糊糊地找不到出路。

荷花厅在揖峰指柏轩之西，厅前有大天棚，很为爽垲，这是供游客们啜茗休憩的所在。棚临大池塘，种着各色各种荷花，入夏翠盖红裳，足供欣赏。现在荷花没有了，却可在这里赏菊。原来花工们别出心裁，在前面连绵不断的假山上，像散兵线般散放着一盆盆黄白的菊花，远远望去，倒像是秋夜散布天际的星斗一样……

（文章有删节，选自《秋》，山东文艺出版社，2013年5月）

星星变奏曲

◎江河

江河（1949— ），朦胧诗派代表诗人。他的作品富有哲理性和思辨性，以融注厚重的历史感著称。《星星变奏曲》是他于1980年首次发表的诗作，既深思理想与现实的反差，又憧憬未来光明的生活。

如果大地的每个角落都充满了光明
谁还需要星星，谁还会

在夜里凝望
寻找遥远的安慰
谁不愿意
每天
都是一首诗
每个字都是一颗星
像蜜蜂在心头颤动
谁不愿意，有一个柔软的晚上
柔软得像一片湖
萤火虫和星星在睡莲丛中游动
谁不喜欢春天，鸟落满枝头
像星星落满天空
闪闪烁烁的声音从远方飘来
一团团白丁香朦朦胧胧

如果大地的每个角落都充满了光明
谁还需要星星，谁还会
在寒冷中寂寞地燃烧
寻找星星点点的希望
谁愿意

一年又一年

总写苦难的诗

每一首都是一群颤抖的星星

像冰雪覆盖在心头

谁愿意，看着夜晚冻僵

僵硬得像一片土地

风吹落一颗又一颗瘦小的星

谁不喜欢飘动的旗子，喜欢火

涌出金黄的星星

在天上的星星疲倦了的时候——升起

去照亮太阳照不到的地方

（选自《从这里开始》，花城出版社，1986年9月）

读词

投畀豺虎：畀，读bì，给予。语出《诗经·小雅·巷伯》："取彼谮人，投畀豺虎。豺虎不食，投畀有北。有北不受，投畀有昊！"将进谗言的小人丢给豺狼吃掉，表示对坏人的极端愤恨。

《今文》编选：吕苗莉 孙琳 龙伟敉

“他的名字是彼得”

◎[美]威廉·福克纳

李文俊　译

威廉·福克纳（1897—1962），作家，著有小说《喧哗与骚动》《八月之光》等，1949年获诺贝尔文学奖。《“他的名字是彼得”》是福克纳为纪念自家被过路汽车轧死的小狗彼得而作。

他的名字是彼得。他只不过是一条狗，一条十五个月的猎狗，还只能算是一条稚嫩的小狗，虽然他经历过一个狩猎的季节，学习过怎样在两三年之内（如果他能活那么久的话）当好一条狗。

可是他仅仅是一条狗。他没有过去，也绝不会永生不死，对于他来到的这个世界他所要求的并不多：食物（他不在乎是什么，也不在乎给他多少，只要是慈爱地给予就行）、手的抚触、一个声音（他认得这声音，虽然不理解所讲的话，也无法回答），还有就是可以奔跑的土地、可以呼吸的空气、四时八节的阳光雨露，以及他最爱吃的鹌鹑——这是他的天性，早在他熟悉大地、感觉到阳光之前他就具有这种天性，早在他自己嗅到之前，他的健壮、忠心的先辈就已经使他能辨别出这种禽鸟的气味。这就是他所需要的一切。要填满他自然生长的一生那八个、十个或者十二个年头，这些已经足够了，因为十二年并不算长，并不需要多少东西就能把它们填满。

然而十二年虽说短，在正常情况下他的寿命本应超过四辆那种杀死了他的小汽车——那种上坡速度快得竟然无法躲开一只老大不小的猎狗的汽车。可是彼得的寿命连四辆汽车里的第一辆都没能超过。他并没有去追赶汽车，在让他上公路之前他就学会了不去干这样的事儿。他当时是站在路上，在等他那位骑在马背上的小女主人赶上来，以便护送她安全回家。他不应该待在路上。

他没有交公路税，没有领司机执照，也没有投过票。也许他的问题出在他住的那个院子里的那辆汽车是有喇叭和车闸的，他还以为所有的汽车也都有呢。要说他没有看见那辆汽车，因为汽车处在他和黄昏的斜阳之间，这个理由是说不大过去的，因为这样就会把视力的问题牵扯进来。显然，任何一个人，背向太阳却看不见一只站在笔直的、两个车道的公路上的老大不小的猎狗，都是绝对不敢让自己开车的，何况是一辆没有喇叭、没有车闸的汽车，因为下一回这个彼得没准是个小孩，要知道用汽车撞死小孩是违反法律的。

不，那个开车的人有急事：这才是原因。也许他还有好几英里（编者注：英美制长度单位）的路要赶，而他吃晚饭的时间已经晚了。正因为这一点，他才没有时间降低速度、刹住汽车或是绕过彼得。既然他当时没有时间这样做，自然，事后他也就不会有时间停下来了；何况彼得仅仅是被撞得骨折肉绽给扔在路旁沟里嚎叫的一条狗，再说反正那辆车已经超越彼得，太阳现在已经是在彼得的背后，因此又怎能指望那个开车的人听见他的嚎叫呢？

不过彼得还是原谅了那个司机。在彼得一年零三个月的一生中，他从人类那里得到的除了仁爱之外再也没有别的；他甘愿奉献出一生中剩下的六年、八年或是十年，以免有一个人赶不上自己的晚饭。

（选自《诺贝尔文学奖获奖作家散文精品》，百花洲文艺出版社，2016年1月）

千秋评说

我生长农村中，爱听狗子叫，深夜远吠，闻之神怡，古人之所谓“犬声如豹”者就是。（鲁迅）

如果不想让情感枯竭，就要学会关怀动物。因为，如果一个人对动物冷酷无情，那么他对其他人也会一样。从一个人对待动物的态度中，我们可以略晓其善心。（[德]康德）

动物是令人快慰的朋友，它们既不发问也不批评。（[英]乔治·艾略特）

狗这一生不容易

◎王宏哲

在村庄，一院房子建起来了，人会想起修上一圈围墙，盖上一个门楼。墙当然是越高越好，门当然是越坚固越好。人在院子里过日子，总希望把那些不相关的眼睛和手脚挡在外边，这样人才会感到踏实，感到安心。但门在无休无止的值守中往往会玩忽职守，而墙在岁月的风雨中也常常会显得力不从心。这个时候，人首先会想到狗。一条狗，就算是再怎么出身卑微，再怎么瘦小单薄，只要不是过分胆小怕事或是不长眼色，料也足以担当得起看家护院的任务。

一条条狗也许就是这样在村庄里安家落户的。主人忙着在院里进进出出，狗在一旁看着，煞费苦心地猜想着主人的心思。某一日，主人心情不错，狗摇着尾巴迎上去，咬一咬主人的裤管，舔一舔主人的手掌，主人则会亲昵地摸一摸狗头，抚一抚狗背，顺带着扔一块吃剩的东西。再一日主人心里不顺，狗则必须躲得远远的，否则迎来一顿臭骂不说，还极有可能重重地挨上一脚，落得个身上有伤，脸上无光，打碎了牙只有往肚子里咽。

狗活在人的世界里，狗不得不花相当的工夫来琢磨人与人、狗与人的关系。

即便如此，好多时候，狗仍然活在左右为难中，开口不是，不开口也不是，而开口和不开口往往都会面临着怒喝和棍棒。最难忍受的是，许多八竿子打不着的事情往往也会找上门来，和狗沾上各种关系，让狗有口难辩，诉说无门。比如人和人有了矛盾，人骂人是狗眼，人骂人是狗屎——狗无缘无故地被拉到了人和人的争斗中。

狗不会争辩。有时竖起耳朵叫上一两声，有时耷拉着眼皮，一声也懒得叫。

一条狗活在村庄里，只要不犯大错，不出意外，一般也就在一户院门下混到老了。那个时候，它已活成了一条老狗，它已认识了村庄里的好多人，经历了村庄里的好多事，它已成为那户人家的一部分，成为村庄的一部分。眼看着主人家的儿子一天天长高，眼看着主人某一天走出院门就再也没能回来，它已不再在乎那一根铁索，不再在乎飘进耳朵里的那些风言风语。人又怎么样？狗又怎么样？好多东西人自己都守不住，又能指望一条狗怎么样？

（文章有删节，选自《广州日报》2009年11月19日）

多读一点

福克纳与故乡奥克斯福

美国小说家杰伊·帕里尼在《福克纳传》中记录了一个有趣的故事：在福克纳获得诺贝尔文学奖后，奥克斯福一下涌来大批游客。有一天，福克纳正在清扫车道，一群游客走过来径直问他“有没有见过福克纳先生”，福克纳说：“没有，没有见过他。我在这里扫了一天的地，就是没见到他。”

福克纳确实是个默默无闻的人，即使在《喧

哗与骚动》出版后，他在当地依然不受人瞩目，甚至他的学生也仅仅把他看成一个会喝酒的人。据说，福克纳为了让人们对他刮目相看，买下一座有近百年历史的楼房，“想让人们看看，这样一座大宅，我还是可以将它买下”。

如今的奥克斯福远近闻名，人们因为福克纳的作品“熟识”了它，称它为“真正的南方”，是一个“真实与虚构交织在一起的地方”。福克纳的故居也已经是对外开放的博物馆，成为一处著名的景观。这座建于1844年的白色楼房位于奥克斯福镇南约805米处，掩映在高大茂密的树林里。福克纳1930年买下后，为其取名橡树园，之后一直和家人住在里面，直到1962年逝世。

福克纳的故居是不少中外作家心中的圣地。1999年，中国作家余华第一次去美国，就迫不及待地前往奥克斯福。由于福克纳让他知道了“如何去对付心理描写”，余华在文中尊称福克纳为“师傅”。余华在这座典型的南方小城转了一圈后，直称奥克斯福“比邮票还小”。余华写道，福克纳这个曾经被认为是“二流子”的人，在很长一段时间内一直是美国南方某种精神的体现，比尔·克林顿还是个孩子的时候经常搭车从阿肯色州到奥克斯福参观福克纳的故居，“好让自己相信，美国的南方除了种族歧视、三K党、私刑处死和焚烧教堂以外，还有别的东西”。

如今，福克纳成为奥克斯福最值得炫耀的骄傲。自1976年开始至今，奥克斯福市每年都会举办“福克纳和约克纳帕塔法”学术研讨会，吸引着世界各地的福克纳崇拜者前来。按照美著名报纸《今日美国》所说：“21世纪的奥克斯福早已不再是福克纳笔下的杰弗逊小镇，不再有喧哗和骚动，不再有撕心裂肺的呐喊和痛苦的呻吟。经过内战后一个多世纪的风雨洗礼，奥克斯福人和其他南方人一样正在告别昨日的封闭、狭隘、愚昧、落后，日益走向健康成熟。”这实际上和福克纳的那句预言不谋而合，“人类不仅要繁衍下去，而且将日益兴旺”。

（作者牛犇，标题为编者所拟，原题《福克纳的故乡守望》，文章有删改，选自微信公众号“世界知识画报”，2017年10月25日）

噪音

◎[印度]R. K. 纳拉扬

石海峻　译

R. K. 纳拉扬（1906—2001），用英语创作的印度小说家。1958年，他的长篇小说《向导》获得了印度文学的最高荣誉——印度文学院奖。这是一篇讨伐噪音的檄文，作者罗列了噪音的种种表现及其危害，语言平实自然，不做作，不夸饰，通过具体事例给人以警醒。

如今这时代可能是人类历史上所经历的噪音最盛的时代。我们制造出很多的噪音，不仅是为了显示我们处于快乐的节庆气氛中，为了拉选票，为了替商品做广告，为了显示自己的观点；而且，我们还为了噪音而制造噪音。噪音成为现代生活的最大灾害。在我们生存的每一时刻，我们都被噪音所侵扰，必要的与不必要的，有意的与无意的，这一切噪音足以使我们神经紧张、错乱。如果印度人的平均寿命只有26岁，那么对此我们只能责怪自己。在我们中间以及围绕着我们的噪音，正在以可怕的速度吞噬着我们的生命。

近来有人注意到，现在孩子们的嗓门尤其大。无疑，孩子们看上去都是优雅甜蜜的，但他们一开口就是响亮的嗓音，老师从第一节课就尽最大努力在教室中喊“安静，安静”，但这话对孩子们不起什么作用，他们依然是世界上最闹嚷的生灵。我想，在学年结束时，如果能为校园中最轻柔的说话声而设立一个奖项，借此将绝对安宁的时间引进教堂，那将是受益匪浅的。

延续到夜间的沿街叫卖声也发作到可怕的地步。要想在家中专注写作或研究，看来已不可能，尤其是你家的窗户对着大街的话。即使是你退缩到家中的角落也难避其害，因为小贩为了将你搜寻出来看来是扯足了嗓门；要是你躲进家中最幽深的地方，叫卖声也能穿墙透壁。我现在写作此文时，就看到两个大蕉果小贩先后走来，听到他们为了生存而几乎至于吵架的闹嚷声。我担心“格鲁·莫尔”食品公司进的货只是更多的大蕉，因为我注意到另有两个小贩带着同样的商品走来了。现在换个花样，我发现，收旧报纸与空瓶子的正在以抑扬顿挫、四处飘扬的男高音表达着他的希求，磨刀人像是掉进了陷阱似的发出痛苦的喊叫，还有许多其他的商贩，叫卖声此起彼伏。所有这一切都告知我们，他们在叫卖着什么东西：从芝麻油饼到莲花、茄子或镯子，可谓无奇不有。

我曾经放弃一套非常舒适的住房，原因只是一家邻居每天早上五点钟就打开收音机，远远早于电台开播的时间。这样早就打开收音机的结果是，收音机发出一种嗡嗡声，就像成千上万的蜜蜂的嗡叫声一样持续不断，令人心烦至极。读者可不要从这个比喻中产生什么错觉的诗意联想，远不是这么回事。这种嗡嗡声像严刑一样折磨着你的神经，类似于在你的太阳穴上作业的风钻。这家邻居为什么这么老早就等着收听广播节目，真令我百思不得其解。它唯一的作用在于使我也早早爬起，因为我不愿每天第一件事就是卧床受着邻居人家古怪心理的折磨。然而，我也不是没有希望，因为一位对收音机颇为在行的朋友告诉我说，我的邻居在电台还没开播之前就打开收音机的习惯，即便不是对收音机本身，对电子管也是最严重的危害方式。但那些快活的电子管依旧没事，我不得不搬家。

有时我想，上帝创造人的身体时可谓深谋远虑，仁慈宽厚，但及至制作人的听觉器官时，上帝可能是疲倦了，于是听觉成为人类最易受到伤害的部分。结果是，我们毕生都在热切地追求着我们无法获得的东西，即宁静。

（文章有删节，选自《外国散文鉴赏辞典2·现当代卷》，上海辞书出版社，2010年4月）

千秋评说

噪声不但会中断我们的思想，甚而也有破坏作用，可说是所有的中断中最要不得的东西。（[德]叔本华）

快乐的人生在很大程度上必须是宁静的人生，因为只有在宁静的氛围里才存在真正的快乐。（[英]罗素）

沉默不语并非总是智慧的标志，但喋喋不休却总表示愚蠢。（[美]富兰克林）

今人一得

噪与躁

◎朱以撒

噪声是城市的特征之一。空间小而人口多，就构成了城市。当噪声散发不出去时，整座城市就到处充满声浪，漾过来漾过去。人被荡漾着的声浪包裹，无法脱身。山村没有噪声，也缘于空间广袤无垠，即使有一点噪声，也迅速地被长风吞没，消弭在无边的蓝天绿野里。换句话说，在广阔的山野要制造噪声还真不容易，天高云淡，水秀山清，犹如一个巨大的消音容器，再尖厉的噪声，要传播也纯属徒劳。没有噪声，是山村的本然；而没有噪声，似乎构不成一个城市的情调。

城市里的噪声和里边行业众多是有联系的。每一种行业都发出自己的声音。我这里主要指工厂。不同的工厂使用不同的机械，不同的机械在碰撞、撕扯、挤压、切割、旋转中发出凌厉强大的声音。如果说噪声是有颜色的，我以为如雨中的闪电，是浅蓝色的，锐利并且冲动，狠狠地扑向耳鼓。我们曾经为噪声感到自豪，很长时间，震耳欲聋的噪声代表了热气腾腾的劳动精神，代表了繁荣兴旺的社会现象。相反，如果安静下来，好像呈现出不祥之兆了。那时我根据自己的工人经历进行写作，总是离不开令人耳聋的机器声、雄浑的烟雾、油腻的工作服，为此自豪了好几年。在如水的流年中，感觉也偷偷地变着，现在我感到匪夷所思。

听觉的改变是精神走向的前兆。声响的发生本来是无所谓悦耳赏心的，直到有了人的存在，由实用走向审美，才区分出噪声和和声。越是噪声集中的地方就越是繁乱的、急促的、人为的，它与荒蛮、寂寞已遥隔久远。我发现，有的人正是冲着这种躁动的音符，从和声区赶来倾听。他们心甘情愿地把自己的身体、自己的气力都投入其中。我就是在一个嘈杂无比的工地上和几位相识的农家子弟说话的。打桩声、搅拌声、电锯切割声、重锤击钢板声，使面对面的语言如隔山海。心在腾腾跳跃，血在突突翻滚，说不上两句便转身逃离。他们却没有什么感觉，居然在如此强大的声浪中安之若素。还有什么比生存更为实际？人是很容易适应环境的动物啊！对于声响，从不习惯到习惯，肯定有一些器官被伤害了，或者被驯服了，从肉体到精神都变了样。噪声在身后追着我，心头有一种浅浅的疼痛。

（标题为编者所拟，原题《噪声》，文章有删节，选自《俯仰之间》，东方出版中心，2005年2月）

自荒地

◎[日]吉增刚造

秦岚　译

在日本，随笔的传统可谓源远流长，早在千年以前的平安王朝，身为宫廷女官的清少纳言便写下了《枕草子》这部传世之作，以女性的敏感记录下对自然、人生以及周遭事物的感怀。当代诗人吉增刚造（1939— ）的这篇随笔精致、短小，从中似乎可以感受到作者的心灵在与自然对话时发出的微微颤动。

人的体内一定有一座肉眼看不到却又走时相当准确的钟。当列车行驶到濑户内海景色优美的地带时，蒙胧之中仿佛有“快起来，快起来！”的细小呼唤响在耳边。应着这呼唤，一过广岛我就醒来了。算起来，我发现这里是个景色优美的所在已是几年前的事情了。几年前的这个时候，透过“晨光号”车窗瞥到的一瞬间的海景，鲜明地印在了记忆之中。单纯地说那是海景，不如说是我与那个景色邂逅更为准确。那是初夏的早晨，没错儿，那天也是在五点差几分的光景，我一睁开眼睛，岛影就扑进了视野。列车仿佛向海岸倾斜着前行。列车是傍晚从东京出发的，我安睡了一夜。（经过名古屋、大阪时，我竟完全没有一点知觉。）到了尾道、广岛一带，天光就大亮了。因为喜欢乘坐慢车旅行的人越来越多，我原以为夜行列车的卧铺票一定很难到手，可是实际上并不然。我在车上散步似的边走边看时，发现空位子非常多。列车刚过尾道，就有一艘小船与车厢、与我的眼睛保持了几秒间三点一线的并行前进。列车的时速是八十公里或者更慢一些。大概正是对速度的这种感觉，才使我留下了和小船并排前行的印象。如果可以打开窗子的话，我想，大海的气息和海岸的风一定会扑面而来，灌满车厢。当时，小船上正是早餐时间。向对面坐着的人递送碗筷和拿筷子的手的动作都看得真真切切，仿佛把手从车窗伸出去，都可以够到他们似的。对于每天都在水上度过几个小时的人来说，这样的早餐也许是理所当然的，并没有什么新奇，可是我即便现在回忆起那场景来，还是会情不自禁地发出“啊，多香啊！”的赞美。

话题还是回到这次行程上来吧。由于前次留下的印象太过鲜明，所以，这次我又借去九州的机会坐上了夜行慢车。今天能这样顺利地一步一步走到这里，在这个时辰醒来，一定是我记忆中的时钟早已经为我此时能看到濑户内海的景致而预约好了。这么说当然也不完全对，因为今天与上次还有许多不同，比如列车不是“晨光号”而是“隼鸟号”，由东京发车是下午四点十五分，我醒来的地点是刚过广岛。是啊，人如何能两次看到同样的景致呢？即使是小船上的早餐，也只是留在我的记忆之中的景象罢了。虽然我明白这一切，可是寂寥之情仍不可抑止地在心中扩展着。

我坐在夜行列车上，在晨光中由濑户内海朝着尾道、广岛方向进发。就在稍前两天，我去了美国西南部的沙漠，那里有透着褐色的粗糙的沙子。说它是沙漠，不如叫它荒地更为贴切。我坐在那荒地上，长久地坐在荒地上，周围的一切都好像在跟我讲话。我倾听着从四面八方传来的无声的语言。我坐在岩石上，望着那荒地。虽说是荒地，却有约十厘米高的草和野花在微风中摇曳。一股地热似的东西，或者是平时感觉不到的磁气，传导到我的身体中来，我又好像听到了大地的微鸣。我已经找不到语言来贴切地表达我的感受了，或者说坐在那里沉浸在深深的感受之中的我早就“欲辨已忘言”了。我一直那样坐着，坐在那里，突然感到有一个什么东西钻到我右手边的灌木根里去了。是蜥蜴！一定是蜥蜴发现了我才移动的。到处挺立的松和仙人掌样的树，还有像牛、象一样大小的散落在各处的石头，所有的一切，都发挥着它们不可思议的能量向我倾吐着什么。我感受到了热力，但是绝没有丝毫的压迫感。岩石、树木、工作着的蚂蚁，还有钻进灌木根的蜥蜴……我被沙漠上的一切注视着。如果我稍动一下做点儿什么，就一定会在某个地方引起相应的反应。当我意识到进入了这样一片存活着的荒地时，我觉得自己也是一个灵兽了。

（文章有删节，选自《散文中的散文：〈世界文学〉散文精选》，译林出版社，2010年10月）

千秋评说

自然既极博大，也极残忍，战胜一切，孕育众生。蝼蚁蚍蜉，伟人巨匠，一样在它怀抱中，和光同尘。（沈从文）

生命就是爱！生命就是“壮丽”的升华，“美”的陶醉。（[丹]安徒生）

世界与个人面面相对，宛如密友在相互讯问并交换他们内心的秘密。（[印度]泰戈尔）

今人一得

远去的田园

◎李汉荣

稻禾、豆架、流水、蓑衣、草帽、犁铧、锄头、耕牛、鸡鸣、犬吠……这是田园，每一件事物都是一首诗，田园，乃是生长植物、粮食，也生长诗意的地方。

田园是一种耕作方式、栖居方式，也是生命向大自然皈依、表示眷恋的一种宗教仪式，是朴素的、无神论的宗教。田园以及远山近水，以及永恒轮回着的四时八节，田园上方的无边星空——这一切都是神秘的、带着爱意不停降临的，像伟大不朽的神，但又是可感可触的具体事物。栖居在田园的人们怀着对这一切的感恩，并不追寻事物之外的神灵，他们在田园中安顿了生存也安顿了灵魂：田园是他们朴素的教堂，是他们的家。

所以他们不需要彼岸，偶尔想象一下彼岸，也不过是一处更丰足的田园。

田园是诗意的。炊烟缭绕着的黎明和黄昏，与半透明的水汽和薄雾无声地交织成一种朦胧的意境，鸟叫着，狗也插嘴，时常夹杂开门的声音、水桶碰触井沿的声音，以及妇人们呼喊孩儿的声音，田园的诗是朴素的也是世俗的。而当夜晚，月光静静地堆积在屋顶和草垛上；不眠的星星在水井里望着自己的影子出神；树梢上的鸟枕着月色熟睡过去；莲荷与稻禾对望着，交流着站在水里的感觉；一湾河水怀抱着北斗，任它舀取自己的情感……这时候，田园的诗是空灵的，超然的。

陶渊明、王维、孟浩然们从阡陌上走过去，蛙声、露水、植物的香气就漫进他们的诗。他们的诗都不冗长，像一行行庄稼，到头了，就另起一行；他们的诗都方方正正，像一畦畦水田，像一块块荷塘，语言的清水里，倒映着天人合一的意象。

田园也有穷困和悲苦。想象披着蓑衣一代代走过田园的人们，想象阴雨天里发霉的粮食和潮湿的心情，想象在阡陌上纵着走横着走总也走不出头顶的炊烟，最后终于在屋檐下老去的，那些早年的女儿们母亲们，这时候我想，田园，是好的，但也有遗憾。

（文章有删节，选自《李汉荣散文选集》，百花文艺出版社，2011年7月）

有意思的《枕草子》

“春天是破晓的时候最好。渐渐发白的山顶，有点亮了起来，紫色的云彩微细地横在那里，这是很有意思的。”这是《枕草子》的开篇和流传最广的一段，透过这部日本平安时期的随笔经典，一个有情世界描画在千年之后的读者眼前。

《枕草子》大约成书于1001年，时值日本平安时代（794—1192）。全书共有305段，分为类聚、日记、随想三大内容。作者清少纳言与当时的紫式部、和泉式部并称“王朝文学三才媛”，她出身于书香门第，作为女官侍奉中宫定子，可关于她的身世，留于后世的资料却相当有限，甚至真实姓名也未能得知，只知“清”乃是取自家族姓氏“清原”，“少纳言”则为宫中官职。定子与清少纳言虽为主仆，但感情深笃。定子过世后，清少纳言远离宫廷，决意不再另侍他人。据说她晚年孑然独居，日子颇为清苦，时常忆起陪伴在定子身边时的宫中生活，于是一点一滴，慢慢落笔，便有了这本流传下来的《枕草子》，历经千年而不衰。“枕草子”这一书名并非清少纳言自己所取，而是后人添题。中文的“枕草子”三字，读起来予人以美的遐想，但其实在日语中，这原是普通的名词。“草子”乃是“册子”所取的汉字谐音，亦有“草纸”“双子”“双纸”等音变。而“枕”字一意尚未有定论。在《枕草子》之跋中，清少纳言说道，这本随笔集所用的册子原是内大臣进献给中宫的，因没有明确用途，遂被她求来，笑称“去当了枕头也罢”，此可做“枕”字的一种直观解释。周作人译《枕草子》时在注释中附道：“……通说云枕即枕边，盖为身边座右常备的册子，随时记录事物的。”这亦可做“枕”的另一层意思。不论是哪一种解释，似乎都能赋予“枕草子”以私密、坦诚的意味。旅日作家李长声说：“日本随笔的特色是随意，能写出生活情趣，比小说更见真情。”作为日本随笔文学开山之作的《枕草子》，无疑奠定了这样的基调。周作人对《枕草子》评价道：“机警之中仍留存着女性优婉纤细的情趣，所以独具一种特色。”……《枕草子》中最常出现的短语是“有意思的”，这一短语，使得它有别于同时代《源氏物语》的“物哀”，开辟了另一种明快、细腻的审美趣味。

（作者默音，文章有删改，选自《大众日报》2015年6月12日）

读句

中国古时的诗、书、画是相通的，都可以起通信作用。一支毛笔既作画，又写字，写的往往是诗，一幅纸中，三者互相配合。这三者在艺术结构上也有共同之处。例如：一是都运用空白，即虚，与实相配合，总要留出空隙以合成系统。二是都采取多元组合结构以表达复杂信息而容许产生解说不同的新信息。诗、书、画都忌满，忌死。——金克木《旧学新知集》

时间之主

◎[俄]普里什文

穆紫　译

普里什文（1873—1954）终其一生都把大自然作为唯一的创作对象，这在世界文学史上是极其罕见的。普里什文照着自然界的模样，“在森林的口授下写作”，他说，“我的幸福就是把笔带到森林中”。本文即选自其代表作《林中水滴》。

河水在两岸之间欢快地流淌。林间小道也换上微绿的新装。到处都有小水洼，它们仿佛是黄昏的眼睛，在渐暗的林间张望。荒野中还有零星的有点顽固不化的残雪，孤零零地立在那里，远远看去好像一只只小白兔。我仿佛看见兔子的耳朵在来回地晃动。仿佛所有的事物都在瞪大眼睛看着我，让我真真切切地感受到万物的存在。这还不够，空气中一直弥漫着一种我非常熟悉的味道。我赶忙对自己说："快醒醒，这次错过了，就很难能遇到了。"

山杨树的树干已经微微泛绿了，时不时地散发出一种浓郁的香味。小白兔好像也在提醒我："快点吧！再不仔细观察，我们就消失了，你就再也看不见我们这样的小白兔了，你能看见的就只剩下这一地的灰土。"

一棵还没有换上新装的树上停着一只鸫鸟，正唱着欢快的歌曲，好像在说："永恒很快就会消逝，可是对于一个有生命的人来说，应该把握住这个永恒的春天，从中获得更多收益。我们要做自己时间的主人，将大自然无私奉献的财富，送给每一个善良的人。"

你看，出现在我心头的这个思想是多么伟大。时间终会消逝，可是我作为时间的主人，站在林间两条路的岔路口，去选择最富有意义的事情。这样的责任将一直与我相随……

就在这时，一只山鹬向我飞来，在那里，我找到了熟悉的声音。当我举枪的时候，小水洼吓得闭上了眼睛，小兔子吓得逃跑了，鸫鸟的声音消失了，我承载着疑问和智慧的箱子，瞬间关上……看来不能一味沉浸于思想之河！

也许，正在创作阶段的人都非常追求完美，他不停地和成功道路上的阶梯挥手告别，可是，当成功唾手可得的时候，他却放弃了，放弃了那经过千辛万苦、好不容易得来的通往幸福的阶梯。

（选自《林中水滴》，天津教育出版社，2016年7月）

蝴蝶

◎[瑞典]哈里·埃德蒙·马丁松

多人　译

马丁松（1904—1978）有一个苦难的童年，5岁时父亲去世，随后又被母亲遗弃。由于孤独，幼年的马丁松时常独自在森林中漫游遐想。他喜欢与森林和溪流为伴，熟悉虫草花鸟的世界。代表作有半自传体长篇小说《荨麻开花》、长诗《阿尼阿拉号》。1974年与瑞典作家雍松共同获得诺贝尔文学奖。

为了要变成一只蝴蝶
我的火焰潇洒地摇着翅膀
在厚天鹅绒的草地上
孩子们在追我
太阳的淡青紫色 下沉到草山的那一边
夜幕放下来而救了我

月亮在上升　月亮遥远　我不怕
我要细听月光
眼睛被膜所覆盖 而被保护
露水合贴了翅膀
我停留在荨麻上

（选自《历届诺贝尔文学奖获得者诗歌金库》，人民日报出版社，1998年1月）

读典

骥服盐车：典出《战国策·楚策四》，千里马年老时，拖着盐车上太行山，虽然竭尽全力，却爬不上去。后指才华遭到抑制，处境困厄。

《译苑》编选：匡杨乐 廉云平 李璐

张伯苓的“十一号车”

张伯苓是我国近代著名的教育家，他一生致力于教育救国，曾先后创办了南开中学、南开大学、南开女中、重庆南开中学，培养了诸如周恩来、曹禺等众多杰出人才，为中华民族的教育事业做出了巨大的贡献。

然而，身为多校之长的张伯苓生活却十分节俭，他从不在自己的身上多花一分钱，尤其是公款消费，他总是省之又省。张伯苓白手起家，创办了四所学校，其经费来源主要靠社会募捐，由此他得了个“化缘和尚”的绰号。大家感念张伯苓办教育的赤诚和一腔爱国热情，纷纷慷慨解囊，一下子就募集了数百万资金。面对如此巨款，张伯苓毫不动心。他把所得款项一一登记造册，账目完全透明化、公开化。他坚持钱要用在刀刃上，绝不允许铺张浪费，更不允许落入私人腰包。

在张伯苓的苦心经营下，学校的资产迅速增长，教员的工资一涨再涨，很多教授都拿到了每月三百元的工资，而作为校长的张伯苓工资却一直只有一百元。有人提醒张伯苓说："你为南开的发展殚精竭虑，费尽心血，即使不愿多拿，也应该与教授的工资持平啊。"张伯苓只是笑笑说："我就是一个打杂的，哪能跟教授们比呀！"不仅如此，张伯苓还坚持只拿一份工资，虽然他是多所学校的校长，付出的也比任何人都多，但他从不肯领多份工资，他把属于自己的钱全部用在了学校建设和教员的福利待遇上。

张伯苓出行很少坐车，无论是上下班，还是去市里开会，他都一路步行，即便有时去外地出差，他也只坐三等车厢。当时，南开大学的教授薪水极高，几乎个个都有专车（黄包车），有的甚至还拥有私家汽车，可以说，张伯苓的生活标准远不及学校的任何一个教员。对此，张伯苓毫不在乎。他总说，多走走路，对身体有好处。有一次，张伯苓去参加一个会议，散会后，服务员望着轿车如云的停车场，问他的车号是多少，张伯苓回答说“十一号”。服务员信以为真，谁知找来找去，始终找不到十一号车。当看到张伯苓远去的背影，他这才醒悟过来，原来张伯苓的“十一号车”就是步行的意思。除了开会不坐车外，张伯苓还有一个习惯，那就是出门必带臭虫药，这是因为他出差时总是住最便宜的旅店，而这些店里往往臭虫横行。

张伯苓退休后，连仅有的一份收入也没了，晚年完全靠三个儿子赡养。当他去世时，人们惊讶地发现，他房无一间，地无一亩，也没有存款，口袋中仅有六元七角钱。也许正是有了这样一位大公无私的校长，才有了百年名校，才有了今日之南开。

（作者周礼，选自《杂文选刊》2019年第2期）

罗斯福先发制人

美国前总统罗斯福在第一任期内政绩斐然，使民主党在美国人心目中成了一个“改革”的党，他也成了一位“改革”的旗手。在一片赞扬声中，他连任三届，创造了历史。

然而，罗斯福并不满足于此，1944年，第二次世界大战到了最紧要的关头，美国的总统大选也同时迫近，罗斯福谋求继续连任，不过，他遇到了强有力的竞争对手杜威。

当年最高效率的竞选工具是广播电台，罗斯福竞选团队在全国各地买了广播时段，让罗斯福发表竞选演说，每次十五分钟。

杜威的竞选团队急了，于是不管罗斯福竞选团队在哪儿买，他们也跟着在哪儿买，同样也买十五分钟，而且时间紧跟在罗斯福后面。“你前面说什么，我就跟着反驳，你还没机会还嘴。”杜威的竞选团队觉得这是一个非常巧妙的安排。

罗斯福并没有受到竞选对手的影响，他在演讲时有意无意地告诉选民，在二战的关键时刻行政首脑不宜更替，选民“行到河中最好别换船”，否则很危险。然而，最出乎意料的是，每次演讲到第十四分钟的时候，罗斯福就提前结束了。剩下花钱买的一分钟时间，他保持沉默，什么声儿都没有。对于别人的质疑，罗斯福从不做任何解释。

1944年11月17日，罗斯福以53%的得票率第四次当选为美国总统。此时，他才向竞选团队解释“一分钟”战胜对手的策略。

原来，最后一分钟保持沉默，听众等不到半分钟，发现没了就调台了。一分钟过后，杜威才开讲，可是听众早已跑光了。虽然杜威在电台里抨击罗斯福是个“疲惫不堪的老人”，身体状况不佳，罗斯福也确实在任职后不久就去世了，但杜威由于后发制人的竞选策略失误，最终导致失败。

（标题为编者所拟，原题《罗斯福的先发制人》，作者梁水源，文章有删节，选自《政府法制》2019年第2期）

《文史撷英》编选：匡杨乐 李璐

《和平与战争之间》

习近平总书记指出：世上本无“修昔底德陷阱”，只是由于大国之间的战略误判而自己造成陷阱。美国政治学家理查德·内德·勒博通过对27个历史案例的剖析，印证了习总书记的判断。勒博在本书中提出了三种不同危机类型，运用比较研究的方法，考察了危机与国际冲突的起因、经过与结果，对决策者进行战略判断和危机管理有一定的参考价值。

修昔底德的阐述以其逻辑性和清晰性给西方冲突思想的发展打上了深深的烙印。此后，研究战争的学者都将战争原因分为深层原因和直接原因两种，而且还普遍遵循修昔底德的做法，把深层原因当作二者中最重要的原因。霍布斯、康德、卢梭和马克思都代表了这种传统。这一思想具有广泛的影响，一个当代的例证就是对第一次世界大战史的研究。虽然历史学家激烈地争论不同国家的战争责任，但令人吃惊的是，他们都一致认为，冲突的深层原因是最为重要的。压倒性的观点认为，奥匈帝国大公的遇刺只是许多可能引发战争的事件中的一件，而战争本身是极其难以避免的。

心理学实验支持这样一个假说，即一旦某一事情已经发生，人们倾向于加强对这一结果可能性的评估。心理学家巴鲁克·菲施霍夫认为，发生这种情况的原因是，“人们很乐意相信或让他人相信，我们早就应该知道我们现在才知道的后果。也就是说，我们具有后见式的先见之明”。历史学家乔治斯·弗洛罗夫斯基认为，宿命论的倾向是反思过去过程本身所固有的。他指出：“回顾过去，我们似乎看到一种逻辑，即事件是以一种可以识别的模式按照线性方式有序地自我发展的，具有某种特定的内在必然性。所以我们得到一种印象，认为事情真的不可能会发展成为另外的样子。”

修昔底德式的冲突分析无疑鼓励了一种倾

向，即把事件描述得比其本身更具不可避免性。这种分析方法通过强调长期或深层的原因，使得研究者寻找导致事件发生的特定发展线索，突出他们所希望解释的根源，而往往忽略其他可能导致不同结果的发展线索。托尼就认为，这一问题是历史学研究的通病。他写道：“历史学家夸大历史上胜利者的力量，并在他们篡改的历史当中突出强调这些力量，从而给现存秩序罩上了一层不可避免的外衣。”在他们那里，未来的其他不同走向，被矮化为一种不可能的幻想。

（摘自理查德·内德·勒博《和平与战争之间》，北京大学出版社）

《当下的启蒙》

启蒙运动已过去近300年，但启蒙的意义并未消失。哈佛大学心理学教授史蒂芬·平克以渊博的学识和开阔的视野为我们展示了当今人类面临的机遇和挑战。他以大量的调查数据证明，人类在追求进步和幸福的道路上仍然需要启蒙时代的核心价值——理性和同情，建立在这二者基础上的人生，才是真正有目的、有意义的人生。

幸福包含了两个方面，体验和情绪的一面，还有评价和意识的一面。幸福的体验层面由高兴、喜悦、骄傲和快乐等积极情绪，以及担心、愤怒和悲伤等消极情绪构成。科学家可以让样本中的对象佩戴寻呼机，以便随时跟进和询问被试者的情绪心境。衡量幸福感的终极手段是对样本终生跟进，或是为人们感到幸福的程度和持续时间计算加权总和。虽然对幸福的体验进行实时抽样跟进是衡量主观幸福感最直接的方式，但是它耗费人力且成本不菲，此外，也没有可靠的数据库可以让我们对不同国家的居民进行比较，或是在时间线上对他们进行追溯和跟进。次优的选择是询问人们某个特定时间的感受，或者询问他们在一天中或是一周前的感受。

于是我们来到了幸福程度的另一面，人们对

自己生活的评价。在询问之下，人们可以回答诸如“这些天”“整体上”或者“把所有因素考虑在内时”，对自己的生活是否满意这样的问题，不仅如此，他们还可以用几乎带有哲学色彩的方式给自己的生活用十分制进行打分，范围从“不能更糟糕的人生”到“不能更好的人生”。人们普遍觉得这种问题很难回答，这并不奇怪，因为它们的确很难，所以他们的答案深受天气、当时的情绪和前一个问题具体牵涉的影响，比如问一个大学生的恋爱情况，问所有人关于政治的东西，这些对后续询问幸福感的问题都有明显的消极影响。社会学家们早已接受了一个事实，那就是人们脑中对幸福、满意和生活好坏的概念本就是一锅粥，所以他们只要闭着眼睛给纷繁冗杂的主观数据打个平均分就算是完事了。

情绪和评价当然是相关的，虽然不是百分之百相关：充足的幸福感成就更好的生活，而没有消极情绪则不然。说到这里，我们就要提到美好生活的最后一个方面了，意义感和使命感。意义和使命，再加上幸福，就成了亚里士多德理想中的“eudaemonia”，也就是“良好的精神面貌”。幸福不代表一切。人人都会做一些短期内让我们不幸福，但是在人生到头时令自己倍感欣慰的事，比如生养一个孩子，写一本书，或者为值得的事情奋斗。

（摘自史蒂芬·平克《当下的启蒙》，浙江人民出版社）

《亲爱的提奥——梵高传》

文森特·梵高是世界知名的天才画家，由梵高博物馆出品的这本书汇集了梵高许多重要的信件和画作，并附有专家解读，完整地勾勒出梵高的一生。这些写给亲朋的信件中，融入了梵高对生命与世界的独特理解，读者从中可以充分感受到梵高敏感而深情的灵魂。

亲爱的小妹：

非常感谢你的来信。虽然我最近讨厌写信，

但我还是想回答你信中的一些问题。

首先，我不赞同你对提奥的看法。你在信中说他今年夏天看上去似乎“非常悲惨”，但我认为事实恰恰相反。过去一年，提奥变得更加仪表出众、气度不凡了。一个人得足够坚强，才能像他那样在巴黎生活那么久。

可是你会问，提奥在阿姆斯特丹和海牙的家人和朋友有没有可能对他不好，或者根本就没有以足够的热诚接纳他呢？对这个问题，我可以告诉你，他或许有点受伤，但他并没有把这种事放在心上。毕竟，如今艺术品交易行当这么不景气，他却依然做得好，他的荷兰同行或许对他多多少少有些妒忌。

现在，我来谈谈你那幅雨中植物的画。你可以看到，自然界中有许多花被人践踏，或者被冻僵，或者被晒干，所以，不是每一颗麦粒成熟后都会回归土中发芽。事实上，大部分麦粒都被直接送去了磨坊——不是吗？如果把人比作小麦的话，那么，在每一个健康而正常的人体内，都同麦粒一样存在着渴望发芽的力量。可以说，自然生命的本质就是发芽生长，而爱就是促使我们发芽生长的力量。

如果我们的自然成长受阻，发不了芽，就像被放进石磨里的麦粒一样绝望，那我们就很可能愁眉苦脸，无言以对。

每当发生这种情况的时候，每当我们因为自然生命的丧失而手足无措的时候，我们中就会出现这样一些人，他们尽管也不得不对宿命低头，却不愿丢弃自信，他们决心去找出他们的问题，去弄清到底发生了什么。

我们满怀希冀地在被誉为黑夜中的明灯的书籍中搜寻，却几乎找不到确切的答案，也找不到令我们满足的慰藉。

（摘自文森特·梵高《亲爱的提奥——梵高传》，天津人民出版社）

《书香》编选：匡杨乐 李超宇 李璐

扫码听曲

令人瞬间落泪的音符
——贝多芬的第七号D大调钢琴奏鸣曲

贝多芬一生创作了三十二首钢琴奏鸣曲，不只穷尽了当时钢琴演奏上所有可能的语法，而且还运用了许多超越那个时代钢琴工艺与演奏水准的旋律与和声。自己也是钢琴作曲与演奏双料大师的布索尼说过一句名言：“以巴赫为基础，经过李斯特，才有办法到达贝多芬。”

这三十二首奏鸣曲中，最受欢迎的当然是几首有特别昵称的，例如第十五号D大调《田园》，第十七号d小调《暴风雨》……这些都很好听，在音乐史上也都有特殊的地位。不过，因为一个美丽的、难以抗拒的故事，如果在这三十二首中，一定只能选择一首，那么我选的，却是没有昵称、没有那么有名的第七号D大调奏鸣曲。

故事是当年正在巅峰状态的钢琴家里赫特，到布达佩斯访问演出，演奏这首奏鸣曲时出现了神奇的状况——在一个音符上，一半以上的听众竟然同时掉下泪来。

这首贝多芬早期的作品，创作于1798年，用的是当时贝多芬野心勃勃极力开发的“大奏鸣曲”形式，所以一共有四个乐章。第一乐章以急板出现，接着却是戏剧性降速的缓板第二乐章，第三乐章安排了快板的小步舞曲，最后以同样快板的轮旋曲结尾。

这部作品最特别的焦点，是第二乐章。缓板乐章却用了平常用于第一、第三快板乐章的“呈示—发展—再现”奏鸣曲形式，而不是古典主义时期慢速乐章习惯使用的分段反复回绕。贝多芬在乐曲指示上，除了“缓板”，还加上了“忧伤”。他曾经对学生辛德勒说：这乐章要“用各种光影变化的色调，来描写悲伤者的心情”。换句话说，这是用音乐来追摹悲伤的种种情绪变化的作品，而且意图在音乐中表现视觉明暗变化。

难怪音乐史学者主张，这个乐章显露了贝多芬耳朵听力恶化的阶段，贝多芬无法不悲伤，无法忽视自己心中的沮丧与挫折。同时，听力的衰退，也让他转而对视觉的效果格外敏感，他似乎想要用对视觉的强调来弥补听觉。他近乎绝望地努力说服自己，音乐不见得只能依靠声音与听觉。

正是这种我们知其荒谬的努力，让这个乐章分外悲伤。在这个乐章里的贝多芬，是一个纯然的表现主义者。他一心一意只要表现悲伤的不同面貌，专心到完全不在意那不断旋紧的和声，配合优美到无奈的旋律，刻画了那么深的哀伤与忧郁，以致音乐完全没有诉说哀伤之后，进而发泄哀伤积郁的功能。

不过，这个伟大的乐章绝对不能单独听。其沉痛哀伤毕竟是与急板乐章中的愉悦风格对比、对照呈现出来的。更重要的是，要连着听到贝多芬第三乐章的安排，我们才更能明了第二乐章真正的心理冲击。

回到里赫特的故事，看看他在布达佩斯到底做了什么。饱受苏联统治钳制，又具备最挑剔的艺术思考能力的里赫特，领会了贝多芬的纯粹描述用意，固执地反复用惊人音色变化表现那不放松的悲伤张力，让全场听众都感染了挥之不去的沉重，唤醒了自己心中不敢或不愿面对的悲伤经验，仿佛一生所有的痛苦全都伴随音乐回来了。乐章结束，每个人都被钉压在座位上，动都不能动，更发不出一点点声音来。绝对的静默之后，里赫特终于抬起手，弹下第三乐章的第一个音符。啊，他指下发出歌唱般的音乐，仿佛来自天堂，如此甜美温暖。于是刹那间，全场紧绷的哀伤全然释放，大家哭了，为音乐而哭，为人生而哭，为自己的痛苦也为自己救赎的希望而同声一哭……

（作者杨照，文章有删节，选自《想乐：聆听音符背后的美丽心灵》，广西师范大学出版社，2013年10月）

《艺术欣赏》编选：卓敏 匡杨乐

《边框》编选：匡杨乐 伍云丽 张怡

图书在版编目（CIP）数据

读有所得 .107/《读有所得》编辑部编 .—长沙 ：湖南文艺出版社，2019.11

ISBN 978-7-5404-9368-4

Ⅰ . ①读… Ⅱ . ①读… Ⅲ . ①社会科学一通俗读物 Ⅳ . ① C49

中国版本图书馆 CIP 数据核字（2019）第 249708 号

读有所得 • 107

Du You Suo De

中共湖南省委宣传部指导

《读有所得》编辑部编

出 版 人：曾赛丰
监　　制：曾昭来
责任编辑：吕苗莉　匡杨乐　谢朗宁
编　　选：李国华　卓敏　李涓等
责任校对：百愚文化　袁学嘉　张怡
装帧设计：萧睿子
封面绘画：蔡皋

湖南文艺出版社出版、发行
（湖南省长沙市雨花区东二环一段 508 号 邮编：410014）
网 址：www.hnwy.net
湖南省新华书店经销　湖南省众鑫印务有限公司

2019 年 11 月第 1 版 第 1 次印刷
开 本：787 mm×1092 mm 1/32
印 张：3.25
字 数：50，000
印 数：1-3000
书 号：ISBN 978-7-5404-9368-4
定 价：10.00 元

《读有所得》编辑部
联系电话　0731-85983069　官方邮箱　duyousuode@sina.com
官方微博　https://weibo.com/duyousuode

本社邮购电话：0731-85983015
若有印装质量问题，请直接与本社出版科联系调换